U0112548

闽人智慧

南平卷

言之有理

中共福建省委宣传部
中共福建省委讲师团 编

海峡出版发行集团
福建人民出版社

"闽人智慧：言之有理"丛书编委会

目录

信念篇

主要收录有关理想、信念、立志、自强的民谚、俗语。

扫码听音

獪怕知识差，就怕志气短

【注释】　獪：不会；差：有差距。

【句意】　不怕学问不深，就怕没有志气。

【运用】　用于表达想要获得成功需要树立远大志向。知识有所欠缺可以靠不断学习来弥补，但如果没有志向，就缺少了上进的动力，也就难以取得成功。

　　建瓯方言主要流行于建瓯市、建阳区、政和县、松溪县等地，顺昌方言主要流行于顺昌县双溪街道、元坑镇、郑坊镇等地，邵武方言主要流行于邵武市、光泽县等地，建阳方言主要流行于建阳区。

建瓯方言

射虎赡成重学箭，
屠龙冇功再磨刀

扫码听音

【注释】　赡：不会；冇：没有。

【句意】　射虎不成功，重新学习箭法；斩龙不成功，继续磨刀，重新开始。

【运用】　用于表达受到挫折后不丧失信心、不放弃希望，振作起来，从头来过。

顺昌方言

扫码听音

这山瞭见那山高

【注释】　瞭见：看见。

【句意】　站在这座山上，觉得那边的山比自己所处的山高。

【运用】　用于反讽意志不坚定、见异思迁。

建阳方言

竹有节，
人有志

扫码听音

【注释】　节：竹节，这里引申为气节。

【句意】　竹子贵在有竹节，人贵在有志气。

【运用】　无节之竹弱于稻草，无志之人如行尸走
　　　　　肉。用于强调树立远大志向的重要性。

建阳方言

扫码听音

路在人行，
事在人为

【注释】　行：走；为：做。

【句意】　路是靠人走出来的，成功的事业是靠人
　　　　　做出来的。

【运用】　用于表达成就事业关键要靠人的主观
　　　　　努力。

建阳方言

石看纹理山看脉，人看志气树看材

扫码听音

【注释】　看：取决于。

【句意】　鉴赏石头要看它的纹理，了解一座山要看它的气脉，认识一棵树要看它的材质，判断人的品性如何或能否取得成就要看他有没有志气。

【运用】　本谚语用观石、观山、观树来类比观人，形象表达理想、志向是人第一位的品性，强调人要树立远大志向。

建阳方言

扫码听音

有志者千方百计，
无志者千难万难

【句意】　有志向的人面对难题时会探索各种方法来解决它，而没有志向的人面对难题时会找出各种理由逃避。

【运用】　可用于表达信念是克服困难的动力来源。

建阳方言

有一匹叶，
就有一滴露

扫码听音

【注释】　一匹：一张。

【句意】　大自然为世间的每一棵小草都安排好了
　　　　　哺育它成长的那一滴露水。

【运用】　用于鼓励处于困境的人保持希望，要相
　　　　　信自己，继续努力。

建阳方言

扫码听音

人无志，
刀无钢

【注释】　志：志气。

【句意】　人没有志气就成不了大事，就像钝铁无
钢就不会坚硬。

【运用】　刀不含钢，就砍不动硬物。本谚语很形
象地表达了人如果没有了志气，就会像
刀不含钢失去锋锐一样，失去攻坚克难
的能力。

立场篇

孰么树开孰么花，
孰么人说孰么话

扫码听音

【注释】　孰么：什么。

【句意】　什么样的树开什么样的花，什么样的人
说什么样的话。

【运用】　用于表达不同立场的人，对同一事物的
感受和评价是不同的。

主要收录有关方向、立场、站位的民谚、俗语。

坐得直，
倚得正，
十字街头照得镜

【注释】　倚：站立；十字街头：繁华的街道。

【句意】　要坐得直，站得正，做事要经得起群众的考验。

【运用】　用于表达要为人正派、立场坚定、胸襟坦荡。

建瓯方言

大溪有水小溪满，
大溪冇水小溪干

扫码听音

【注释】　冇：没有。

【句意】　大河有水小河才会满，大河没水小河就
要干。

【运用】　整体决定部分。只有国家或集体的利益得
到保障，个人或家庭才能获益。倡导个人
要站在全局的角度来思考利益得失。

顺昌方言

扫码听音

一脚踏两船

【句意】　一双脚踩两条船。

【运用】　用于反讽立场不坚定，企图投机取巧。

顺昌方言

秤争两，
厘争分

扫码听音

【注释】　厘：计量器具厘戥秤，一般用于计量质
　　　　　轻的物品，如称量金银、中药材等。

【句意】　用普通的秤称重，要精确到两；用厘戥
　　　　　秤来称重，要精确到分。

【运用】　用于表达在原则问题上要寸步不让，否
　　　　　则就会犯重大错误，遭受重大损失。

顺昌方言

扫码听音

自家白饭食三碗，
别人闲话莫去管

【句意】　做好自己的事情，不要在意流言。

【运用】　可用于表达走好自己的路，办好自己的
　　　　　事，不为流言所动，不参与他人的是非
　　　　　争端。

邵武方言

做事不依东，
劳累无功

扫码听音

【注释】　依：听从，按照；东：雇主，东家。

【句意】　如果不按照雇主或者东家的要求和规定来做事，即使再辛苦也是没有功劳的。

【运用】　用于表达做事一定要先搞清楚立场，遵守相关规则，否则容易徒劳无功。

邵武方言

扫码听音

有树才有花，
有国才有家

【句意】　花生长在树上，国是家庭的依靠。

【运用】　用于表达花长在树上，树好花繁盛；国家是每个家庭的依靠，国家昌盛家庭才幸福。意同"冇树哪有花，冇国哪有家"。

邵武方言

国有家有，
家有人有

扫码听音

【注释】　有：拥有（物质财富）。

【句意】　国家繁荣，家庭也兴盛；家庭兴盛，个人也富裕。

【运用】　用于表达国家和每个人命运相连，国家富强，家庭和个人才能富裕。

邵武方言

扫码听音

国安民心顺,
家和万事兴

【句意】　国家安定,民心舒畅;家庭和谐,各项事业都会兴旺发达。

【运用】　用于表达在人民心中,幸福的内涵就是国泰民安、家庭和睦。

建阳方言

火车跑得快，
全靠车头带

扫码听音

【句意】 火车依靠车头的带动才能飞速前进。

【运用】 用于表达坚强的、有能力的领导班子是带领群众走向胜利的关键。也可用于强调增强核心意识的重要性。

建阳方言

扫码听音

上歪一尺，
下歪一丈

【注释】　上：指上梁。

【句意】　上面的梁安放不正，就会影响整个房屋
结构，导致下梁歪斜得更加严重。

【运用】　用于表达如果起主要作用的人如领导和
长辈做事违背法律和道德准则，其余的
人就会跟着这样做。可用于强调"关键
少数"的示范带头作用十分重要，也可
用于形容看齐意识的重要性。

建阳方言

千锤打锣，
一锤定音

扫码听音

【句意】　制造铜锣时要锤打上千次，但最后一锤
才能决定锣的音色。借指凭一句话做出
最后决定。

【运用】　比喻在众说纷纭的情况下发表决定性的
意见。可用于形容领导核心的重要性，
每件事都要有人拍板定案，总负责、负
总责。

民本篇

主要收录有关民本、人本思想理念的民谚、俗语。

扫码听音

不听叟人言，
食亏在眼前

【注释】　叟人：年纪大（经验丰富）的老人。

【句意】　不听年纪大的长辈或者过来人的建议，是要吃亏的。

【运用】　用于表达长辈们年纪较大，社会阅历丰富，懂的道理比较多，他们的建议会让我们少走弯路，如果不听他们的话，很有可能碰壁。也可用于强调调查研究、问计于民的重要性。

邵武方言

县官若要做得好，首先就要问三老

扫码听音

【注释】　三老：老司衙、老教师、老医师。

【句意】　县官初到某地任职，若想把工作做好，要首先请教老司衙、老教师、老医师。

【运用】　当地的老同志熟知情况，经验丰富，明白事理，处置得当。本谚语可用于表达要重视调查研究，取得第一手材料，才能做出成绩，治理有效。

建阳方言

扫码听音

人望幸福树望春

【注释】　望：期望。

【句意】　指人总是希望过上幸福生活，就像大树
盼望着春天到来一样。

【运用】　用于表达老百姓都向往美好幸福的生活。

建阳方言

事成于和睦，
力生于团结

扫码听音

【句意】　办成一件事，需要大家和睦相处。大家团结起来，力量就大，就能应付自如。

【运用】　用于表达团结就是力量。

建阳方言

扫码听音

柴多火焰高，
人齐山也倒

【句意】　木柴多了，烧起来的火焰就高；人多力
　　　　　量大，能把山都推倒。

【运用】　用于表达集体的力量是无穷的，应树立
　　　　　团结协作的精神。

建阳方言

好花还要绿叶扶，
好汉也须众人帮

扫码听音

【注释】　扶：衬托。

【句意】　花再美，离开绿叶的陪衬，也显不出它的艳丽；本领再高，离开好帮手的协助，也成不了事。

【运用】　用于表达要团结协作，才能提升团队的战斗力，才能体现出每个人的人生价值。

建阳方言

要知山中路，
须问砍柴人

【句意】　要想知道山林里面的情况，必须询问樵夫才行。

【运用】　用于表达想了解某方面的情况，就需要咨询那些熟悉这一领域的人。可用于形容走群众路线，问计于民、问道于民的重要性。

觞怕学不成，
就怕心不诚

扫码听音

【注释】　　觞：不会。

【句意】　　不怕学无所成，怕的是心不虔诚。

【运用】　　用于表达做学问要静心笃志。

主要收录有关学习的民谚、俗语。

扫码听音

要学好，多动脑；
要学深，讲认真

【句意】　要想学习好，就要多动脑；要想学得深，
就必须保持认真的态度。

【运用】　用于表达做学问应当勤思考、多实践。

建瓯方言

拾漏傍天晴，
念书傍后生

扫码听音

【注释】　拾漏：修补有缺漏的屋顶；傍：趁着；
　　　　　后生：年轻。

【句意】　屋顶补漏要趁天晴，读书学知识要趁年轻。

【运用】　用于表达做事要抓紧时机，不要贻误美
　　　　　好的青春年华。

顺昌方言

扫码听音

有田有地，
不如手艺

【句意】　有农田有耕地，不如掌握一门手艺。

【运用】　用于劝诫人们要学会一门手艺，有一技
　　　　　傍身。

顺昌方言

铁要打，
字要写

扫码听音

【句意】　反复锻打才能打出好铁，经常练习才能写出一手好字。

【运用】　用于表达加强学习、充分实践的重要性。

顺昌方言

扫码听音

不读书，
瞎目珠

【句意】　不读书识字就成了睁眼瞎（缺乏知识的人）。

【运用】　用于强调读书的重要性。

顺昌方言

学得来一工，
学得精三年

扫码听音

【注释】　学得来：学会；一工：一天。

【句意】　学会一门手艺，一天时间就够了；但要把这门手艺学精，需要三年。

【运用】　用于表达学会一样手艺不值得骄傲，离熟练掌握还差得远。

邵武方言

扫码听音

心中书不可少，
案头书不要多

【注释】 心中书：已弄懂的知识；案头书：摆在
桌上的书。

【句意】 已弄懂的文化知识不能少，摆在桌上的
书不要多。

【运用】 用于表达要真正读懂学通，拥有真才实
学，懂得将知识应用于实践，而不是把
书放在桌面作为摆设。

建阳方言

不食饭则饥，
不学习则愚

扫码听音

【句意】　不吃饭就会饥饿，不学习就会变得愚钝。

【运用】　用于表达要多读书，不断充实自己，拥有智慧和力量。

建阳方言

扫码听音

井掊三遍食好水，
人从三师武艺高

【句意】　一口井多掊几遍就能喝上好水，人要多
　　　　　跟从几个老师才能学到更多东西，从而
　　　　　拥有更高的武艺。

【运用】　用于表达要勤钻研，学习要有多个视角。
　　　　　如果只跟着一个人学习，也许只能学得
　　　　　一种本领；如果向很多人请教，就可以
　　　　　学得各种本领，并且可以从不同角度弥
　　　　　补不足之处。

建阳方言

饱谷向下垂，
瘪谷翘尾巴

扫码听音

【句意】　饱满的稻穗会向下垂，干瘪的稻穗尾部
　　　　会往上翘。

【运用】　用于表达做学问要谦虚谨慎。越博学的
　　　　人越谦虚，越是无知的人越骄傲自大。

为善篇

主要收录劝人向善的民谚、俗语。

扫码听音

小时偷针，
大来偷金

【注释】 小时：幼时；大来：长大以后。

【句意】 孩子小的时候去偷不值钱的东西，如果不好好教育，他长大后就会去偷值钱的东西。

【运用】 用于表达要让孩子从小养成良好德行。

建瓯方言

乐人之善，
济人之急

扫码听音

【注释】 乐：愉悦；济：帮助（有困难的人）。

【句意】 善良的人做善事收获福报，得到人们赞叹。当遇到别人有困难的时候，应当伸出援手。

【运用】 用于表达做善事是件快乐的事，应多行善事。

扫码听音

莫阁瞎仔掇手电，光照别人

【注释】　阁：像；掇：拿；光：只，仅仅。

【句意】　切莫像盲人那样，拿着手电筒只照别人。表达只关注别人的是非，却不反思自己存在哪些问题。

【运用】　用于告诫人应懂得自我反思，不要只看到别人的短处。

建瓯方言

以情恕人，以理律己，以善助人

扫码听音

【注释】　情：人之常情；理：道理和规则；律：约束。

【句意】　从情感上原谅他人，提升自身德行；用道理和规则严格约束自己的思想与行为；多多行善，帮助他人。

【运用】　在人与人的交往中，不外乎情与理两方面，只有正确把握、运用，以情恕人，以理律己，才能完善自己；如果不能正确运用，自己的德行也会倒退，别人也帮助不了。当别人做得不好时，要从情感上宽恕别人，但是不能因此对自己有所松懈，而要更严格要求自己。应偕同别人一道行善。

順昌方言

扫码听音

和人一盆花，
仇人一堵墙

【注释】 和人：与人为善；仇人：与人结仇。

【句意】 与人为善就像培植了一盆鲜花，香气四溢，其乐融融；而与人结仇就像筑起一道高墙，会处处碰壁。

【运用】 用于表达要以和为贵，和气待人，生活才会更美好，否则可能处处碰壁，寸步难行。

为善篇

顺昌方言

忍得一时之气，免得百日之忧

扫码听音

【注释】　百日：长时间。

【句意】　忍得住一时的怒火，以后很长一段时间里都可以无忧无虑。

【运用】　用于表达要学会忍让，以和为贵。

顺昌方言

扫码听音

大福大量，
有食有剩

【注释】　量：度量。

【句意】　度量大的人，很有福气且不愁吃穿。

【运用】　用于表达做人要宽宏大量，多行善事，
　　　　　必有福报。

邵武方言

好事不出门，
恶事传千里

扫码听音

【句意】 做的好事不容易被传扬，而坏事却会传播很远。

【运用】 用于表达不要做道德败坏的人，否则会臭名远扬。

建阳方言

扫码听音

交友交心，
浇花浇根

【句意】　交友要交心，只有真诚才能交到好朋友；
　　　　　浇花需要浇到根部，因为花要靠根部吸
　　　　　收水分和养分。

【运用】　用于表达要真诚待人，别人才会真诚待你。

建阳方言

益友诤友百人少，
损友坏友一人多

扫码听音

【句意】　品行端正的朋友、能够直言劝谏的朋友
　　　　　一百个都嫌少，而对自己产生不良影响
　　　　　的朋友就算只有一个也嫌多。

【运用】　用于表达交朋友要谨慎，近朱者赤，近
　　　　　墨者黑。

建阳方言

扫码听音

多落及时雨，
少放马后炮

【句意】　在庄稼需要雨水时多下雨，不要在事后
指手画脚。

【运用】　用于表达在别人有需要的时候提供帮助，
胜过事情结束之后说闲话。

建阳方言

学好千日不足，
学坏一朝有余

扫码听音

【句意】 一个人想要学好，需要长时间的积累；但如果想要学坏，不到一天的时间就能堕落。

【运用】 用于表达学好难，学坏易，日常工作与生活中要注意防微杜渐，时常警醒自己。意同"从善如登，从恶如崩"。

辩证篇

主要收录有关实事求是、矛盾论等哲学思想的民谚、俗语。

扫码听音

聪明之世糊涂之时

【注释】　之：一。

【句意】　聪明的人有时候也会犯糊涂。

【运用】　用法同"智者千虑，必有一失"。

建瓯方言

水可以行船，
也可以翻船

扫码听音

【注释】　翻船：使船只倾覆，比喻中途受挫或失败。

【句意】　水既能让船平稳航行，也能使船倾覆。

【运用】　用于表达事物用之得当则有利，反之必有弊害。

顺昌方言

扫码听音

大石让有小石垫

【注释】　让：要。

【句意】　砌石墙时，大的石头要靠小石头垫着才
能派上用场。

【运用】　用于表达人不能自高自大，不能忽视普
通人的力量。

顺昌方言

针冇两头尖，
蔗冇两头甜

扫码听音

【注释】　　冇：没有。

【句意】　　针没有两头尖的，甘蔗没有两头甜的。

【运用】　　用于表达事物没有十全十美的，都有好坏两面。

顺昌方言

扫码听音

远路冇轻担

【注释】　冇：没有；担：担子。

【句意】　肩上挑的担子尽管很轻，但如果走远路也会让人觉得它变得沉甸甸的。

【运用】　用于表达负担长期不能摆脱，就会让人不堪其累。

邵武方言

等人觉得久，
嫌人易得丑

扫码听音

【注释】　嫌：讨厌。

【句意】　等待时会觉得这段时间很漫长；讨厌一个人就会觉得他很丑。

【运用】　用于表达对待事物和人，不同时间不同心态会有不同的感觉。这是主观意识，可能与客观事实有出入。

邵武方言

扫码听音

天下乌鸦一样黑，
山上狐狸都骗人

【句意】　天下的乌鸦羽毛都是黑色的，山上的狐狸都很狡猾。

【运用】　用于表达要认清事情的本质，不要被某些假象迷惑，上当受骗。

邵武方言

家家灶门都是黑的

扫码听音

【句意】　家家都烧柴火，灶门都是被柴火烧黑的。

【运用】　用于比喻每家都有像灶门烧黑一样不愉快的事情，可用于表达矛盾具有普遍性。

建阳方言

扫码听音

食过黄连苦，
方知甘草甜

【句意】 尝过黄连的苦，才会更懂得甘草的甘甜。

【运用】 任何事物都是相对的，离开了参照对象来形容事物往往是没有意义的。本谚语常用于表达只有经历过苦难的人，才能真正领悟幸福是什么。

建阳方言

有斧砍倒树，
有理说倒人

扫码听音

【句意】　就像有斧子就能砍倒树一样，说的话只要在理就能让人信服。

【运用】　用于表达解决问题要以理服人。

建阳方言

扫码听音

瓜无滚圆，
人无十金

【注释】　十金：比喻完美。

【句意】　瓜没有长成标准球体的，人也没有十全
　　　　　十美的。

【运用】　用于形容没有完美的事物，也没有完美
　　　　　的人。

划草毋划根，
逢春又发芽

扫码听音

【注释】　划：用锄头除草；毋：不，没有。

【句意】　除草不除根，来年春天就又会发芽。

【运用】　用于喻指做事不能留后患，应从根本上
　　　　　解决问题。

主要收录表达按客观规律办事、有技巧地办事等科学工作方法的民谚、俗语。

扫码听音

出门在外加喊哥，
少行弯路少爬坡

【注释】　加：多。

【句意】　出门在外，问路时要有礼貌，尊称被问者为"哥""姐""叔"等，这样可以少绕弯路、少爬陡坡。

【运用】　用于表达待人有礼貌，别人才会诚心相待，办事才更省时省力。

建瓯方言

天晴防落雨，
落雨防病苦

扫码听音

【注释】　落雨：下雨；病苦：疾病。

【句意】　天晴的时候要防下雨，下雨的时候要防
伤风感冒。

【运用】　可用于表达要未雨绸缪，有危机意识和
忧患意识。

建瓯方言

扫码听音

有路莫坐船，
有菜莫吃菇

【注释】 菇：属于菌类植物。

【句意】 旧时行船风险较大，菌类没有人工栽培，都是通过野外采集获得，有可能混入毒菇，导致食物中毒，所以旧时老人常嘱咐，但凡有陆路就不要去坐船，但凡有菜吃就不要去吃菇。

【运用】 用于劝告他人在有成法和规矩可循的情况下，不要去做那种既冒很大风险，预期效果又不突出的事。

建瓯方言

打蛇打七寸，
打狗要放窦

扫码听音

【注释】 七寸：通常用来比喻事物的要害部位；
窦：洞，本谚语指狗出入的洞口。

【句意】 打蛇要打在蛇的七寸（要害部位），打
狗要留着让狗逃走的洞，不能逼得太狠。

【运用】 用于表达说话做事必须抓住关键环节，
但又要留有余地。

扫码听音

蛤蟆遭嘴害

【句意】　蛤蟆被捉住往往是因为它呱呱叫。

【运用】　用于表达要管好自己的嘴，否则可能招
　　　　　致灾祸。用法同"祸从口出"。

顺昌方言

劈柴对节窠

扫码听音

【注释】　节窠：凹处，坑。

【句意】　劈柴要对准凹处。

【运用】　用于表达做事要讲究技巧，抓住关键，不能只靠蛮力。

顺昌方言

扫码听音

打铁冇样,
边打边看

【注释】　冇:没有;看:观察。

【句意】　打铁没有固定的标准,一边打一边观察,
打着打着就成型了。

【运用】　用于强调实践探索的重要性。做事要像
打铁一样,在实践过程中,根据实践的
效果,不断调整,慢慢走向成功。

顺昌方言

愿帮智人背褡裢，
也不帮愚人当军师

扫码听音

【注释】　褡裢：包袱。

【句意】　宁愿帮聪明的人背包袱，也不给愚笨的
人当军师。意即跟着有能力的人即便打
下手也能成功，和无能的人合作即使劳
心劳力仍会一事无成。

【运用】　用于表达要慎重选择合作伙伴，能力低
的成员会拉低整个团队成功的可能性。

扫码听音

打铁趁烧

【注释】　烧：热。

【句意】　铁刚出炉就要趁热锻打。

【运用】　用于表达做事要抓住时机，机遇错过了就难以成事。意同"趁热打铁"。

邵武方言

起厝三石黍，拆厝一餐饭

扫码听音

【注释】 起厝：盖房子；拆厝：拆除房子；三石黍、一餐饭：分别代指时间、人力、物力和财力的多与少。

【句意】 盖一座新房子需要投入大量的时间、人力、物力和财力；而拆除一座房子则很容易。

【运用】 建造新的房屋和拆掉房屋需要的时间、人力、物力和财力不同。本谚语旨在提醒人们做好规划，不要轻易更改，否则可能造成巨大浪费。

邵武方言

正月发狠早了，
十二月发奋迟了

【句意】　正月里开始努力比较早，年底才开始努力就迟了。

【运用】　用于表达做事情要张弛有度，既要抓住时机，又要持续努力。

建阳方言

上山砍柴先看树，出门拖车先看路

扫码听音

【句意】　上山砍柴之前先看好哪里有自己需要的树，出门要用车之前先看一下路好不好走。

【运用】　用于表达做事之前要先找准方向，方向错了会导致徒劳无功。

生态篇

主要收录说明保护生态和可持续发展重要性的民谚、俗语。

扫码听音

山上有林，
山下有粮；
山上冇林，
山下遭殃

【注释】　粮：泛指五谷杂粮（稻、黍、稷、麦、菽）；
　　　　　冇：没有。

【句意】　山上有树林，山下的百姓不愁没粮；山上没有树林，山下的村庄就容易遭受自然灾害。

【运用】　用于表达要坚持人与自然和谐共生。破坏自然生态不利于人类发展。

建瓯方言

燕子飞舞，
合家清吉

扫码听音

【注释】　清吉：平安。

【句意】　燕子在家门口飞来飞去，全家都会平安。

【运用】　用于表达人与自然应和谐共处。

建瓯方言

晓之以理，
行之以德，
应之以自然

扫码听音

【注释】 晓：使……知晓；晓之以理：用道理说服对方。

【句意】 用道理来说服对方，践行道德规范，用自然来应合。（出自《庄子·外篇·天运》：夫至乐者，先应之以人事，顺之以天理，行之以五德，应之以自然。然后调理四时，太和万物。）

【运用】 用于表达人与自然和谐共生。

建瓯方言

青山永在，
绿水长流，
空气永新

扫码听音

【句意】　人们希望大山保持葱郁，河水一直清澈，空气永远清新。

【运用】　用于表达要让人民都生活在良好的生态环境之中。

顺昌方言

扫码听音

山里有山里的好,
有毛桃有山枣

【注释】 毛桃:猕猴桃;山枣:酸枣。

【句意】 生活在山里有生活在山里的好处,可以种猕猴桃或酸枣。

【运用】 表达朴素的靠山吃山的观念,可用于形容山林的经济意义。

顺昌方言

栽有百棵棕，
厝里就不空

扫码听音

【注释】 棕：山棕，生命力顽强，易生长（在农业社会中，山棕纤维主要用于打棕衣、棕绳，经济用途很广）；厝：房子。

【句意】 栽下一百棵山棕，家里就不会贫穷。

【运用】 可用于表达山林可以为人类生存发展持续提供物资，应树立生态发展的理念。

邵武方言

山是爷水是娘，供我生活和成长

【注释】 爷：父亲。

【句意】 山水是父母，供养我们生存和发展。

【运用】 用于表达人是自然的一部分，依靠自然生活、成长，要厚待我们的青山绿水，实现可持续发展。

善说不如善做，
行善定要善终

扫码听音

【注释】 行善：做善事。

【句意】 光在口头上说善事，不如在行动上做善事。做善事一定要有始有终。

【运用】 用于表达任何事业的成功，并不在于说得好听，而在于实际行动，把好事办实，把实事办好。

主要收录表达真抓实干重要性的民谚、俗语。

扫码听音

人行千里路，
胜读十年书

【句意】　游历四方所增长的见识胜过读书十年学到的知识。

【运用】　用于表达人要走出去，特别是要带着自己所学的知识走出去，感悟生活、获得阅历，与实践相结合。

顺昌方言

使口不如自走

扫码听音

【注释】　使口：使唤。

【句意】　用嘴巴使唤人，不如亲自跑一趟。

【运用】　用于表达自己能做的事，不要使唤别人做。

顺昌方言

扫码听音

榨不绞不紧，
事不做不宽

【注释】　榨：老式的手动榨油机。

【句意】　动手锁紧绞盘，榨油机才能挤压出油；
尽快投入工作，工作才能一项一项完成。

【运用】　用于表达事情多得做不完时，畏难情绪
和纸上谈兵都不利于问题的解决，唯有
"做"才是硬道理。

顺昌方言

春上一锄头，
秋下一钵头

扫码听音

【句意】 春天多挖一锄头，秋天可以多收一钵头（粮食）。

【运用】 用于表达有耕耘才有收获，有努力才有回报，同时努力要趁早，抓住时机也很关键。

邵武方言

扫码听音

半斤鸭子四两嘴

【注释】 以前度量衡是十六两制，半斤是八两，四两占一半。说明鸭子的特点是嘴大。

【句意】 鸭子的嘴大，半斤重的鸭子嘴就有四两，嘴大经常嘎嘎叫。

【运用】 此谚语以鸭子嘴大经常嘎嘎叫反讽夸夸其谈、不干实事的人，须知空谈误国，实干兴邦。

建阳方言

一锄不能挖个井，
一口不能吃个饼

扫码听音

【句意】　一锄头挖不出一口井，一口吃不完一张饼。

【运用】　用于表达做事要有耐心、恒心，循序渐进，
　　　　　才能水到渠成。

建阳方言

扫码听音

一遍生，
二遍熟，
三遍四遍当师傅

【句意】　事情做第一遍的时候感到生疏，第二遍
　　　　　的时候就熟悉了，再做几遍都可以当师
　　　　　傅教别人了。

【运用】　用于形容熟能生巧。

建阳方言

眼过千遍，
不如手过一遍

扫码听音

【句意】　无论看多少遍，都不如自己动手印象
深刻。

【运用】　用于强调实践的重要性。

建阳方言

不劳动享不到幸福，
不播种收不到五谷

【句意】　播种的季节不劳动，到了收获的季节就无粮可收。

【运用】　用于表达幸福生活是劳动创造的。

建阳方言

水不流要臭，
刀不磨要锈

扫码听音

【句意】　水长时间不流动就会发臭，刀长时间不磨就会生锈。

【运用】　用于表达要追求发展进步。技能要在实践中提高，不断反思才能让思想不僵化、不保守。

廉洁篇

主要收录表达廉洁从政重要性的民谚、俗语。

扫码听音

做人要谦和厚道，当官需公正廉洁

【句意】 做人要谦逊和善、诚实正派，当官要秉公行事、廉洁无私。

【运用】 用于表达人应培养诚实正派的品质，清正廉洁是为官之本。

建瓯方言

屎蝇不叮冇缝的蛋

扫码听音

【注释】　屎蝇：粪坑附近的苍蝇；叮：叮咬；冇缝：没有缝隙。

【句意】　蛋壳出现裂缝后，鸡蛋很快就会坏掉，产生异味，招来苍蝇。

【运用】　用于表达不能保持廉洁的人很容易被道德败坏的人利用。

建瓯方言

扫码听音

心冇私欲，
自然会刚；
人冇邪念，
自然会正

【注释】　冇：没有；刚：硬，坚强；正：正直，公正。

【句意】　没有私心，自然能刚正不阿；没有歹意，
　　　　　自然能处事公正。

【运用】　用于表达铲除私心杂念才能秉公执法。
　　　　　意近"无欲则刚"。

建瓯方言

创业廉为基，
从业廉为信，
为人廉为本

扫码听音

【注释】　廉：清正廉洁；基：基础；信：诚信。

【句意】　廉洁是为人处世、开拓事业的根基。

【运用】　用于倡导以廉洁构建清朗社会。

顺昌方言

扫码听音

腹饱不如心宽

【句意】　吃饱肚子比不上心无挂碍。

【运用】　用于表达要廉洁从政，若是贪赃枉法，
　　　　　必将惶惶不可终日。

邵武方言

当官一生廉，
流芳上千年

扫码听音

【注释】 廉：廉洁；流芳：好名声流传。

【句意】 为政者如果一生都保持廉洁，他的好名声会流传上千年。

【运用】 用于表达保持廉洁是为政者一生都要坚守的原则，廉洁的官员会得到历史和人民的肯定。

邵武方言

扫码听音

做官要清，选兵要精

【注释】　清：清正廉洁；精：战斗能力强。

【句意】　为官要清正廉洁，当兵要将武艺练精。

【运用】　用于表达应廉洁为官、提升能力，增强为人民服务的本领。

邵武方言

为官一任几冬夏，
造福地方倍春秋

扫码听音

【注释】　春秋：时间，历史。

【句意】　为官一任虽然只有几年，但是造福地方百姓的功绩会被永久铭记，成为史册上浓墨重彩的一笔。

【运用】　用于表达为政者应积极主动为人民服务，追求群众的好口碑。

邵武方言

扫码听音

恶人专作怪，
烂田偏倒排

【注释】　偏：特别容易；排：烂泥田的埂坝。

【句意】　道德败坏的人故意用怪招伤害别人，烂泥田的埂坝特别容易坍塌。

【运用】　用于提醒人们注意不要被道德败坏的人或恶劣的现象影响。

邵武方言

妻贤夫祸少，
子孝父心宽

扫码听音

【句意】　妻子贤惠，丈夫也踏实肯干，自然不会遭灾；孩子孝顺，父亲自然宽心。

【运用】　可用于表达要树立良好家风。

建阳方言

扫码听音

无私者公，
忘我者勇

【句意】 没有私心的人公正严明，不考虑自身利
益的人有大智大勇。

【运用】 可用于表达无私和忘我是为政者的重要
品质。

建阳方言

喝了人家酒，
跟着人家行

扫码听音

【句意】　喝了别人家的酒，就难免要跟着别人
　　　　走了。

【运用】　用于告诫人们要坚守原则。用法同"吃
　　　　人嘴软，拿人手短"。

后　记

　　谚语是广大人民群众在漫长的生产生活中不断总结和凝炼的语言。其俗在于"通"，因为由经验而来，说的是身边事物，借喻来自日常，所以有情趣、通人情，因而更能让人会心；其雅在于"理"，因为要表达更加普遍的意义和推广更加核心的价值，所以借以传道、论道、说道，因而引人入胜，发人深省。人民群众就是这样在日常交谈、交往中传递着对真、善、美的理解与追求。中华文化精神和社会核心价值观就是依托这样的载体，为人民群众日用不绝，甚至不觉。

　　福建地处我国东南，在长期的历史演进中，区域文化形成的生活经验、风土人情、习俗观念等大量信息作为文化基因沉淀在方言谚语、俗语之中。这些看似零碎、朴实，实则洗练、深刻的民谚俗语，凝结着闽人在千百年来形成的经验知识、社会规矩、人生启示、朴素思辨，携带着恒久的群体记忆和广泛的思想认同，承载着悠久而璀璨的"闽人智慧"。在用来析事明理时，运用一两句经典民谚俗语，往往能够起到迅速引发共鸣、令人心领神会的效果。

　　福建省委宣传部、省委讲师团组织编写的"闽人智慧：言之有理"丛书，将那些闪耀哲理光芒、富有理论魅力、契合新时代精神的民谚俗语收集、提取出来，并进行融媒体加工，通过深入的调查研究，去粗存精、好中选优，让它们世世代代传承下去。

考虑到福建方言具有多中心的特点，丛书以全省九个设区市及平潭综合实验区作为方言代表点，编写十本分册，每本分册对当地主要方言谚语都有收集。册内篇章分信念、立场、民本、劝学、为善、辩证、方略、生态、笃行、廉洁十个篇目，便于读者使用。

著名方言专家、福建师范大学文学院原教授、博士生导师陈泽平担任丛书的策划、审订工作。在全省各地党委宣传部门、党委讲师团和各地方言专家、学者的协同努力下，编委会选定了近千条具有浓厚方言特色和时代意义的民谚条目，并进行篇目分类，组织编写注释、句意和运用。遗憾的是，陈泽平教授在完成书稿审订工作后不久因病辞世。

我们还邀请各地方言专家为所有方言条目录制慢速和正常语速两种音频，在书中每个方言条目边上配二维码，使之更加便于读者的学习使用。由于各地方言的特殊性，能读懂、读清楚这些方言的专家年纪都不小，有的专家虽然行动不便，仍坚持在录音棚里一遍遍地录音，直到录得满意的音频。书稿编辑完成后，著名语言学家、厦门大学中国语言文学系教授、博士生导师、福建省语言学会原会长李如龙和著名文史学家、福建省文史研究馆原馆长卢美松分别从方言学角度和文史学、社会学等角度对丛书给予充分肯定并向广大读者推荐本丛书。在此，我们向以上专家对本书作出的贡献表示诚挚的感谢，对作出重要贡献却未能见到本丛书面世的陈泽平教授表示深切缅怀。

相信本丛书的出版对于广大读者从方言谚语中了解当地习俗典故、传承优秀传统文化、习得"闽人智慧"和增强文化自信，都具有现实意义。

由于福建方言繁复而庞杂，即使在同一方言区里，不同县市、乡镇的方言也各有差异，囿于篇幅，书中存在的不足和疏漏之处，敬请大家批评指正。

本书编委会

2023 年 12 月

鸣　谢

　　"闽人智慧：言之有理"丛书在编写过程中得到了各设区市党委宣传部、讲师团和平潭综合实验区党工委宣传与影视发展部的大力支持！参与本丛书编写、修改或音频录制工作的人员名单如下：

福州卷

陈日官　张启强　高迎霞　张　武　黄　晓
蔡国妹　陈则东　唐若石　许博昕　林　静

厦门卷

周长楫　刘宏宇　江　鹏　张　琰　柯雯琼

漳州卷

黄瑞土　王叶青　郭外青　蔡榕泓

泉州卷

郭丹红　郭焕昆　蔡俊彬　林达榜　吴明兴
熊小敏　王建设　蔡湘江　朱媞媞

三明卷

肖永贵　邓衍淼　邓享璋　肖平军　夏　敏
邓丽丽　陈　卓　邱泽忠　陈　丹　林生钟

莆田卷

苏志军　刘福铸　林慧轻　林　杰　林盈彬
黄　键

南平卷

肖红兵　黎　玲　黄新阳　吴传剑　黄秀权

程　玲　徐　敏　黄丽娟　祝　熹　杨家茂

林培娜　徐跃红　徐文亮　吴雪灏　陈灼英

施　洁　谢元清　郑丽娜　姜　立　谢梦婷

龙岩卷

陈汉强　杨培武　陈大富　苏志强　谢绍添

宁德卷

王春福　吴海东　罗承晋　林毓秀　林毓华

钟神滔　吴德育　陈玉新　刘文杰

平潭卷

詹立新　李积安　林贤雄　林祥鹭

特此致谢！

本书编委会

2023 年 12 月

图书在版编目（CIP）数据

闽人智慧：言之有理. 南平卷 / 中共福建省委宣传部，中共
福建省委讲师团编 . --福州：福建人民出版社，2023.12
ISBN 978-7-211-08862-1

Ⅰ.①闽… Ⅱ.①中… ②中… Ⅲ.①汉语方言—
俗语—汇编—南平 Ⅳ.①H17

中国版本图书馆 CIP 数据核字（2022）第 051791 号

闽人智慧：言之有理（10 册）
MINREN ZHIHUI：YANZHI YOULI

作　　者：中共福建省委宣传部　中共福建省委讲师团
责任编辑：周跃进　李雯婷　孙　颖
美术编辑：白　玫
责任校对：林乔楠
出版发行：福建人民出版社　　　　　电　　话：0591-87533169（发行部）
地　　址：福州市东水路 76 号　　　　邮　　编：350001
网　　址：http://www.fjpph.com　电子邮箱：fjpph7211@126.com
经　　销：福建新华发行（集团）有限责任公司
装帧设计：雅昌（深圳）设计中心　冼玉梅
印　　刷：雅昌文化（集团）有限公司
地　　址：深圳市南山区深云路 19 号
电　　话：0755-86083235
开　　本：889 毫米×1194 毫米　　1/32
印　　张：37.25
字　　数：255 千字
版　　次：2023 年 12 月第 1 版　　2023 年 12 月第 1 次印刷
书　　号：ISBN 978-7-211-08862-1
定　　价：268.00 元（全 10 册）